AF394086

CLAUDE MONET

El impresionismo y su relación
con la naturaleza

Por Marion Hallet
En colaboración con Corinne Durand
Traducido por Laura Soler Pinson

Arte y literatura 50MINUTOS.es

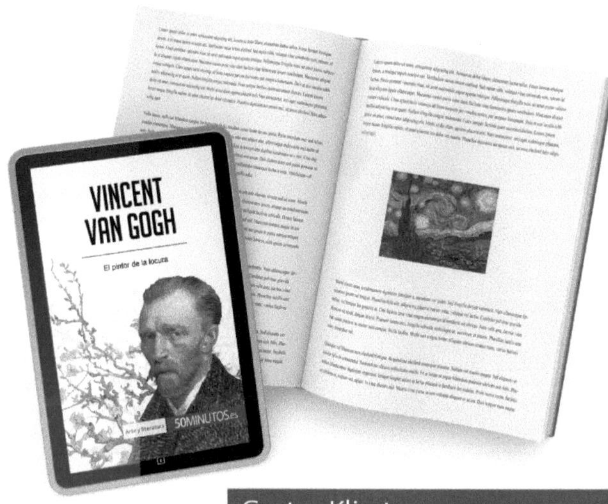

50MINUTOS.es

CULTÍVATE
Y NO DEJES DE CRECER

VINCENT VAN GOGH
El pintor de la locura
Arte y literatura
50MINUTOS.es

Gustav Klimt

Fernando de Goya

Agatha Christie

El romanticismo

www.50minutos.es

CLAUDE MONET

- **¿Nacimiento?** Nacido el 14 de noviembre de 1840 en París (Francia).
- **¿Muerte?** Fallecido el 5 de diciembre de 1926 en Giverny (Francia).
- **¿Contexto?** La pintura impresionista, que va a contracorriente de los principios de la Academia de Bellas Artes, en la Francia del Segundo Imperio y de la Tercera República.
- **¿Obras principales?**
  - *Bain à la Grenouillère* (1869).
  - *Impresión, Sol naciente* (1872-1873).
  - *Amapolas* (1873).
  - *Mujer con sombrilla* (1875).
  - *La estación de Saint Lazare* (1877).
  - *Mar agitado en Étretat* (1883).
  - La serie de *La catedral de Rouen* (1892-1894).
  - La serie de *El estanque de Ninfeas* (1914-1926).

Claude Monet, artista prolífico que con razón se considera el jefe de filas del impresionismo, es un personaje imprescindible de la historia del arte. Todo el mundo conoce en cierta medida su obra, inmensamente famosa y presente en cualquier rincón del mundo. Pero no se conocen tanto ciertos aspectos de la carrera de Monet, en particular, cuáles son sus fuentes de inspiración y sus deseos en cuanto al resultado pictórico.

Sus influencias son eclécticas y apasionantes: en especial, el arte japonés ocupa un lugar importante en su obra. Monet, enamorado de la naturaleza, del mar y de los jardines, revoluciona la forma de pintar de su época situando su caballete en medio del campo y a orillas del agua, mostrando interés principalmente por los cambios atmosféricos y las variaciones de luz. Ante todo, se trata de un artista del instante, que intenta captar la luz cuando esta cambia nuestra percepción de lo que ilumina. Abre el camino a muchos artistas que llevarán todavía más lejos sus reflexiones, hasta la abstracción.

Si bien los cuadros de Monet nos invitan a viajar dado que el propio pintor se mueve mucho, lo cierto es que su vida y su obra también permiten abordar cuestiones más prosaicas, como la de la dura realidad del mercado del arte en el siglo XIX, que se rige ante todo por el jurado de Salón, por los comerciantes y por los coleccionistas.

Así, aunque en la actualidad nadie pone en duda el renombre de Monet, estando él en vida su situación financiera es precaria durante mucho tiempo. Al igual que ocurre con la política, en esa época, el arte se encuentra en un periodo de transición, caminando con paso decidido hacia la modernidad.

CONTEXTO

UN SIGLO AGITADO

La segunda mitad del siglo XIX se ve marcada por las consecuencias de la revolución industrial, que viene de Inglaterra a finales del siglo anterior y que anuncia la llegada de la modernidad. A partir de 1848, en Europa se suceden los movimientos republicanos y sociales con los que las clases populares reclaman más derechos —se trata de la «primavera de los pueblos»—. Pero los conservadores en seguida sofocan las revueltas y, en Francia, la Segunda República (1848-1852) desaparece en provecho del Segundo Imperio (1852-1870), un régimen dictatorial liderado por Luis Napoleón Bonaparte (1808-1873), coronado como emperador con el nombre de Napoleón III. Tras la derrota de Francia durante la guerra franco-prusiana en 1870, se da paso a la Tercera República (1870-1940), que se ve brevemente interrumpida por la Comuna de París (18 de marzo-28 de mayo de 1871), una insurrección popular reprimida con violencia.

El periodo que se extiende desde la guerra franco-prusiana hasta el año 1914 se caracteriza por la ausencia de conflicto armado en Europa, lo que favorece enormemente a la economía. De esta manera, Francia vive una segunda revolución industrial y se inscribe en un pensamiento positivista —que defiende la primacía de la ciencia— que transmite confianza y esperanza en el desarrollo de las técnicas y los progresos económicos y sociales. Por otra parte, la cultura de la Tercera República reivindica su adhesión al liberalismo: la Francia de la Belle Époque favorece las libertades de pensamiento, de expresión y de emprendimiento. Este periodo se convierte en sinónimo de increíbles riquezas artísticas, inventos y progresos técnicos de todo tipo que facilitan el modo de vida de la población y, más en particular, de la clase media burguesa. En efecto, las condiciones de vida y de trabajo de la clase obrera siguen siendo igual de miserables y, aunque se denuncian las desigualdades sociales, todavía queda un largo camino por recorrer.

EL REALISMO CONTRA EL ACADEMICISMO

Con respecto al arte, desde el Renacimiento, a la vez que se idealizan los temas, se trata de imitar la realidad con técnicas de representación realistas, basadas en la perspectiva lineal, la geometría y la anatomía, y de volver a tomar los modelos de la Antigüedad clásica. Sin embargo, hacia 1850, algunos artistas rompen con estos códigos de representación estereotipados que refrenan cualquier estímulo creativo, lo que permite que se abran nuevas puertas en la historia del arte: el realismo y el impresionismo, que son el punto de partida del arte moderno. Lo que importa a partir de este punto no es lo que se representa, sino cómo se representa.

El realismo

El realismo se inscribe en un proyecto político y social que defiende las clases modestas, obreras y desfavorecidas. El jefe de filas de la pintura realista es Gustave Courbet (1819-1877), el mentor de Monet, que solo quiere pintar lo que ve, rechazando cualquier idealización. Bajo su influencia, el arte se aferra al aquí y ahora. Un entierro en Ornans (1849-1850) de Courbet es, sin duda, la primera gran obra realista: provoca un escándalo al representar la vida campesina en un cuadro de grandes dimensiones, un formato que hasta entonces se reservaba para los temas históricos. Pero el realismo no solo aparece en pintura: en literatura son, sobre todo, Gustave Flaubert (1821-1880) o Émile Zola (1840-1902) los que desarrollan la novela realista y naturalista.

A partir de 1850, en paralelo al realismo y como reacción a este, se reafirma el estilo académico. Si el realismo es el arte del pueblo, el academicismo es el de la burguesía y el del poder imperial. Rechaza el aspecto popular y busca el lujo y la opulencia. Es un arte convencional, que se rige por reglas estrictas dictadas por la Academia de Bellas Artes: mantiene rigurosamente la tradición artística heredada del Renacimiento e instaura una jerarquía de los géneros favoreciendo los temas históricos o mitológicos. En el Salón, la exposición oficial de la Academia, solo se exponen las obras de los artistas que se inscriben en esta tradición.

El auge de las galerías de arte privadas es de una importancia vital en el desarrollo del impresionismo, ya que la mayoría de las primeras obras impresionistas, que rompen con el arte académico, son rechazadas en el Salón. Las galerías también permiten que se desarrolle el mercado del arte y el gusto de los coleccionistas que buscan transgresión. Por otra parte, a finales del siglo XIX, los impresionistas, enfrentados con una institución que cada vez rechaza a más artistas, organizan sus propias exposiciones, inspiradas por la valentía de Courbet, que es el primero en exponer sus obras al margen del Salón.

PARÍS, LA CAPITAL DEL ARTE

A finales del siglo XIX, París es la capital de la moda y del lujo «a la francesa», el símbolo de una cultura artística, intelectual y literaria intensa, refinada, extravagante, despreocupada e innovadora. Esta brilla a escala internacional y convierte en el centro neurálgico del arte a la capital parisina, con sus famosos bulevares, galerías de arte, cafés y cabarets. Un ejemplo claro de esto es el éxito de las exposiciones universales de 1889 y de 1900.

LA REVOLUCIÓN IMPRESIONISTA

Desde mediados del siglo XIX, se unen artistas de vanguardia para reivindicar una nueva manera de pintar dictada por la luz y las sensaciones. De esta manera, provocan que aparezca el impresionismo, un nombre que se les atribuye tras una ocurrencia del periodista Louis Leroy (1812-1885) acerca del lienzo *Impresión, Sol naciente* (1872-1873) de Monet en su informe de la primera exposición del grupo para *Le Charivari*, en 1874. Los artistas impresionistas, cuyos representantes más importantes, además de Monet, son Camille Pissarro (1830-1903), Alfred Sisley (1839-1903) y Pierre-Auguste Renoir (1841-1919), se inscriben en la línea realista de Gustave Courbet y de Édouard Manet (1832-1883), a la vez que desarrollan un arte más personal.

Cabe señalar que cada artista interpreta las temáticas y las técnicas del impresionismo en función de su individualidad y que, por lo tanto, la etiqueta a veces designa a personalidades que son muy diferentes entre sí. Así, sería más preciso hablar de «periodo impresionista» en algunos artistas, como por ejemplo Paul Cézanne (1839-1906), Paul Gauguin (1848-1903), Vincent van Gogh (1853-1890) o Henri de Toulouse-Lautrec (1864-1901) en vez de llamarlos pintores impresionistas. Por lo tanto, aunque Sisley, Monet y Renoir crean obras impresionistas a lo largo de toda su carrera, el grupo tiende a dispersarse y sus colegas exploran otras vías.

LA AUDACIA DE ÉDOUARD MANET

Sin lugar a dudas, Édouard Manet es el primero que reivindica el principio según el cual la forma de pintar es más importante que el tema y quien reafirma por delante de todos la primacía de las sensaciones sobre el acabado exacto de la naturaleza. La audacia y la modernidad de su famoso *Almuerzo sobre la hierba* (1863) causa el efecto de una auténtica bomba cuando el cuadro se propone en el Salón de París en 1863. Al final, el lienzo se expone en el Salón de los Rechazados, creado ese mismo año, donde también suscita polémica.

Ante todo, los artistas impresionistas se caracterizan por su estudio de la luz y del color: los efectos de perspectiva y las líneas del dibujo desaparecen en provecho de los juegos de luz y de los toques de color. Pintan por pequeños trazos fragmentados, una técnica que se pone a punto con el objetivo de traducir mejor la intensidad lumínica del cielo abierto. En efecto, los impresionistas dejan a un lado su taller para pintar en el exterior, del natural —un método que se vuelve posible gracias a la aparición reciente de los tubos de pintura de Lefranc—. Para acabar, los impresionistas se alejan de la representación estricta de la realidad — que, a partir de este momento, pasa a ser propiedad exclusiva de la fotografía— y destacan su subjetividad, pintando no tanto las cosas reales como las impresiones que estas despiertan en ellos. Buscan sus temas en la vida contemporánea y en la naturaleza, y centran más su atención en el paisaje.

BIOGRAFÍA

MONET Y SUS MENTORES

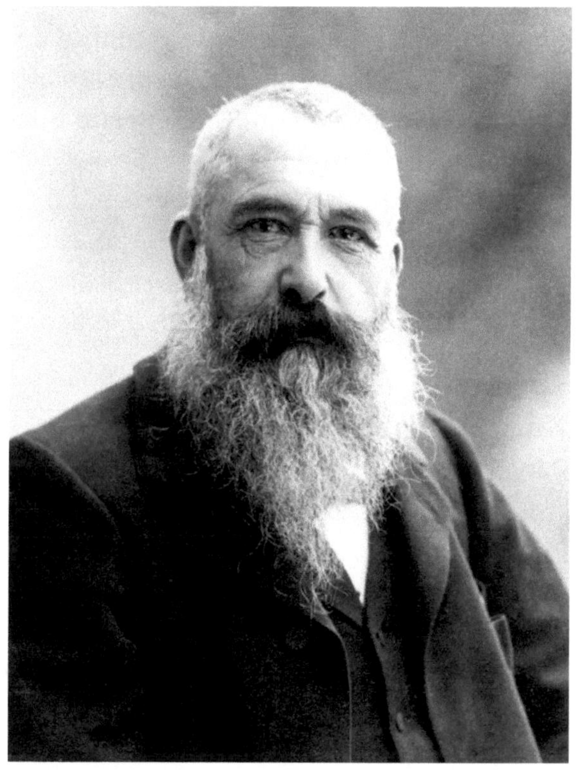

| Fotografía de Claude Monet tomada por Nadar en 1899.

Claude Monet nace en París el 14 de noviembre de 1840, pero crece en Le Havre, en Normandía, cuando sus padres se instalan en la casa de la hermana del padre de Monet, en 1845. Desde muy joven, desarrolla una pasión por el dibujo, que François-Charles Ochard (1800-1870) le enseña en el colegio de Le Havre. Amante de las caricaturas, disfruta de la vida del puerto al aire libre. En 1858, el joven conoce a Eugène Boudin (1824-1898), conocido por sus paisajes y sus marinas de la bahía de Honfleur, que expone en una tienda de Le Havre. Es el primer maestro de Monet: le enseña el arte de la pintura al aire libre, donde la naturaleza es el modelo, y le aconseja que se vaya a París.

Es lo que hace con 19 años, en 1859, en contra de la opinión de su familia. Ya desde su llegada a la capital, donde disfrutará de la ayuda económica de su tía, su primera admiradora, Monet se vuelve un asiduo del Salón, donde descubre las obras de Charles-François Daubigny (1817-1878), pintor de la Escuela de Barbizon, y de Eugène Delacroix (1798-1863), jefe de filas del romanticismo. El pintor Jean-Baptiste Camille Corot (1796-1875), clásico por su sobriedad, romántico por el lirismo de sus paisajes y realista por la veracidad de su visión, también es una importante fuente de inspiración para Monet y, en líneas generales, para todos los impresionistas.

En 1860, el joven entra en la Academia Suiza, donde conoce a Camille Pissarro. Aunque Monet es reclutado por el Ejército francés y parte para Argelia al año siguiente, este episodio no durará mucho: su tía paga la exoneración y, en 1862, el pintor ya está de vuelta en París, donde entra en el estudio de Charles Gleyre (1806-1874), que le enseña las bases de la pintura académica. Allí también conoce a Alfred Sisley, a Pierre-Auguste Renoir y a Frédéric Bazille (1841-1870), que se convierte en su gran amigo. En cuanto llega el buen tiempo, Monet pinta en compañía de sus colegas en Honfleur o en Barbizon. En esta época, tiene importantes problemas financieros y Bazille acude a menudo en su ayuda.

LA ESCUELA DE BARBIZON

A mediados del siglo XIX, la Escuela de Barbizon, situada en el bosque de Fontainebleau, es el centro de reunión de un grupo de pintores interesados por la naturaleza y por los paisajes. Entre los miembros del movimiento destacan sobre todo Narcisse Díaz de la Peña (1807-1876), a Théodore Rousseau (1812-1867) y a Charles-François Daubigny, considerados precursores del impresionismo.

EL MOMENTO DE LOS PROBLEMAS ECONÓMICOS Y DE LOS VIAJES

En 1866, Monet conoce a Camille Doncieux, que se convierte en su modelo. En ese mismo momento, varias de sus obras son rechazadas en el Salón y los amantes viven en la pobreza. Se casan en 1870, un poco antes del inicio de la guerra franco-prusiana en la que Monet pierde a Bazille. El pintor, que se niega a servir a su país, se va a Londres. Allí, conoce al comerciante de arte y galerista francés Paul Durand-Ruel (1831-1922) y descubre paisajes y marinas que lo marcan profundamente por sus efectos de luz, sobre todo en obras de William Turner (1775-1851), John Constable (1776-1837) y en las obras del que se convertirá en su amigo, James Abbott McNeill

Whistler (1834-1903). Durand-Ruel desempeña un papel clave en la historia del arte francés de la segunda mitad del siglo XIX y en la carrera de Monet en particular: en efecto, habría comprado y revendido cerca de 12 000 obras, de las que más de 1000 están pintadas por Monet.

Tras haber pasado un tiempo en los Países Bajos, Monet vuelve a París en mayo de 1871. Instala a su familia en Argenteuil, donde viven durante siete años. El artista sigue el ejemplo de Daubigny y acondiciona un taller provisional en un pequeño barco, lo que le permite obtener vistas inéditas. El año 1874 resulta clave: tiene lugar la primera exposición de artistas rechazados del Salón en el taller del fotógrafo Nadar (Garpard-Félix Tournachon, 1820-1910), y estos reciben el nombre de «impresionistas».

En 1876, Monet conoce a Ernest Hoschedé (1837-1891) y su esposa Alice. Este se convierte durante un tiempo en el mecenas de Monet, antes de perder todo su dinero. Mientras tanto, ambas familias se mudan juntas a Vétheuil, en el departamento de Valle del Oise. Monet pinta mucho el Sena y la costa normanda, donde acude con frecuencia. Camille muere en 1879 y, dado que

Ernest Hoschedé está de viaje a menudo, Monet se queda en Vétheuil con Alice y con sus respectivos hijos —una situación familiar escandalosa en aquel entonces—. Cuando el pintor se muda a Poissy, Alice lo sigue, lo que confirma los rumores.

EL RECONOCIMIENTO Y LA INSTALACIÓN EN GIVERNY

Monet participa en su última exposición impresionista, la séptima, en 1882, y al año siguiente Durand-Ruel organiza una exposición de sus lienzos: las ventas son decepcionantes, pero las críticas son bastante buenas. En esa misma época, entabla amistad con Octave Mirbeau (1848-1917), un escritor y crítico de arte que le dedica sus mejores palabras, con lo que contribuye a su fama. Gracias a Durand-Ruel, que organiza la primera exposición de los impresionistas en Nueva York en 1886, los cuadros de Monet alcanzan un cierto éxito en Estados Unidos, algo que tiene su impacto en el mercado del arte en Francia, donde los impresionistas venden cada vez más a partir de 1890.

Mientras tanto, Monet sigue pintando sus viajes (Belle-Île-en-Mer, la costa Azul, Normandía, Creuse, etc.) y, a partir de 1890, empieza sus famosas series, obnubilado por la repetición de un mismo motivo con los *Almiares*. Le siguen los *Álamos* (1891), la serie de *La catedral de Rouen* (1892-1894) y la célebre *El estanque de Ninfeas*, que ya pinta en 1895, pero que realiza de forma más sistemática, en serie, a partir de 1914. Estos famosos nenúfares representan los estanques de los jardines adyacentes a la casa del artista en Giverny, en el departamento de Alta Normandía, donde Monet se instala de forma definitiva con su familia numerosa (Alice, con la que se casa en 1882, y los hijos de esta) en la primavera de 1883. El artista se siente muy cómodo en Giverny y su necesidad de viajar se atenúa. No obstante, acude en varias ocasiones a Londres entre 1899 y 1901 para visitar a su hijo Michel y allí pinta una serie de vistas del Támesis y del Parlamento. La exposición de 1904, que reúne estos lienzos, es todo un éxito. Monet también visita Oslo en 1895, Madrid en 1904 y Venecia en 1908. Algunas de sus obras están presentes en la exposición universal de París de 1900, junto a otros cuadros impresionistas, prueba de que estos artistas al fin alcanzan el reconocimiento. Por otra parte, la primera exposición pública de *El estanque de Ninfeas* se inaugura en los locales de Durand-Ruel en la primavera de 1909: es un triunfo total.

Aunque en ese momento la carrera de Monet se encuentra en su apogeo y aunque por fin cuenta con dinero, su vida personal se marchita poco a poco: su precioso jardín es destrozado parcialmente por unas inundaciones en 1910, Alice muere en 1911, es diagnosticado de cataratas en los dos ojos en 1912 y pierde a su hijo Jean en 1914. Sorprendentemente, justo cuando va a estallar la Primera Guerra Mundial, Monet vuelve a disfrutar pintando con un proyecto que lo absorbe hasta el final de sus días: *Las Grandes Decoraciones*. Sus lienzos de este periodo son particularmente interesantes y, aunque a Monet ya le llueven los elogios, logra volver a impactar al brindar varias presentaciones del puente japonés de su jardín. Estas gozan de un toque y de una luz incomparables, donde se funden todos los elementos (árboles, plantas, hierba, agua, puente, cielo) en una explosión nerviosa de colores que rayan la abstracción.

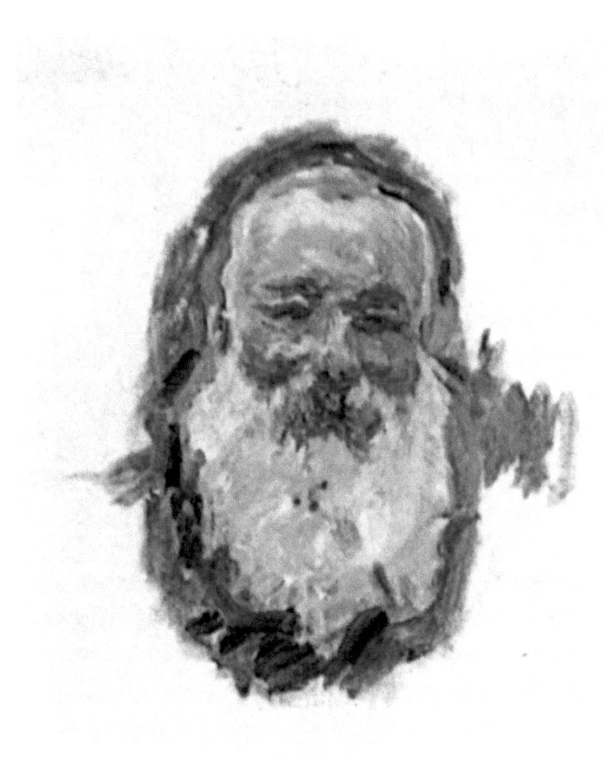

Monet contrae una infección pulmonar que acaba con él en diciembre de 1926, pero, en realidad, sobre todo muere de agotamiento.

A principios del siglo XX, Monet trabaja con calígrafos y pintores orientales que acuden a visitarlo en Giverny. Aprende técnicas de pincel que le permiten sentir de otra manera la representación de la naturaleza, prestando atención a la respiración, por ejemplo. Sus nenúfares están depurados y sus reflejos son muy suaves, al igual que sucede en la pintura china.

CARACTERÍSTICAS

PINTAR LA LUZ

Ante todo, Monet quiere pintar la luz y sus movimientos, un deseo que es a la vez fácil y difícil de plasmar. Para representar lo mejor posible los efectos de la luz, pinta en el exterior. Para el artista, la primera impresión cuando se entra en contacto con el tema es fundamental y constituye la base de cada una de sus composiciones. Empieza por aplicar sobre su lienzo grandes extensiones de color en función de los tonos de la escena que está viendo y de la que esboza de esta manera el aspecto general. En este punto, los colores todavía no están mezclados: los aplica crudos, en trazos gruesos. No es hasta después cuando añade los detalles y define mucho más los contornos de las figuras y/o del motivo. Monet es extremadamente perfeccionista: puede alargar durante mucho tiempo el acabado de una obra, añadiendo detalles o modificándola sin cesar hasta estar totalmente satisfecho.

Con sus series, Monet lleva más allá todavía su

búsqueda de la representación de la luz. Pinta los efectos cambiantes en función de las horas, de los días y de las estaciones, y trabaja en varios lienzos a la vez para compararlos y captar bien la más mínima variación de luz. Cuando pinta una serie, lo que quiere no es destacar el tema: en realidad, esto solo es un pretexto para observar los efectos lumínicos. Al repetirlo, Monet quiere mostrar la evolución de su tema más que el tema en sí mismo.

El impresionismo encierra una paradoja: por una parte, es la culminación del realismo, ya que la obra representa un momento preciso de la luz, pero también es la desmaterialización de lo real, ya que el toque y el color adquieren más importancia que la representación fiel de la realidad.

LA INFLUENCIA DEL JAPONISMO

Los artistas impresionistas, con Monet a la cabeza, están profundamente influidos por el arte japonés, sobre todo en cuanto al color, la composición y la perspectiva. No se sabe la fecha exacta en la que Monet entra en contacto con el arte japonés, pero el pintor posee una gran colección de estampas que empieza en 1870 y conserva en su casa de Giverny. Allí manda construir incluso un auténtico puente japonés que inspirará muchas de sus obras, en particular, *Las Grandes Decoraciones.*

El *Ukiyo-e*

En 1872, Philippe Burty (1830-1890), crítico de arte francés, acuña la palabra «japonismo», que define como la influencia del arte japonés en el arte occidental. En esta época, Japón adopta una política de apertura de las fronteras y el mercado del arte occidental se ve invadido en primer lugar por objetos de arte exóticos (porcelanas, sedas, abanicos, quimonos, sombrillas) y, a continuación, por estampas y pinturas japonesas del *Ukiyo-e.* Esta escuela artística (que, literalmente, significa «imagen del mundo flotante») desarrollada entre los siglos XVII y XIX favorece la producción de estampas que representan el modo de vida epicúreo de la clase burguesa y mercantil establecida en Edo. Entre los temas del *Ukiyo-e,* destacan sobre todo las cortesanas y el teatro kabuki (forma teatral japonesa).

Las estampas japonesas que tiene Monet están firmadas por Kitagawa Utamaro (1753-1806), Katsushika Hokusai (1760-1849), Utagawa Toyonuki (1769-1825) y Utagawa Hiroshige (1797-1858), maestros a los que profesa pasión y respeto. Su colección está compuesta sobre todo por estampas que representan a cortesanas y paisajes en los que se refleja un gran interés por el color y la depuración gráfica, dos características clave del arte de Monet.

Además, el artista toma del japonismo el exotismo y los accesorios japonizantes, tal y como se puede observar en su lienzo *La japonesa* (1876), y también la búsqueda de la comunión con la naturaleza. Más adelante, coge del arte japonés sus composiciones: encuadres inéditos, puntos de vista oblicuos que invitan al espectador a entrar en la obra, tal y como ocurre en su lienzo titulado *Jóvenes damas en una barca* (1887). En cuanto al principio del trabajo en serie, también se inspira del arte nipón: lo encontramos sobre todo en Hokusai en sus *Treinta y seis vistas del monte Fuji* (1831-1833), que captan el volcán desde múltiples puntos de vista y efectos de luz. Para acabar, el arte japonés también supone para Monet un importante aporte iconográfico. Le gusta particularmente el motivo de la roca en el mar, algo que encontramos a menudo en las estampas japonesas y de lo que pinta numerosas variantes. El puente es igualmente un elemento recurrente en los cuadros de Monet: ya no solo es un guiño al arte nipón, ya que el puente le permite estructurar sus composiciones y las variaciones lumínicas que determinan su estilo.

OBRAS DESMEMBRADAS

Muchos dípticos y trípticos japoneses llegan a Occidente desmembrados y las distintas partes que, por lo general, los conforman se venden por separado. De esta manera, los europeos descubren en las estampas japonesas puntos de vista y encuadres inéditos que, en realidad, no se corresponden para nada con las obras originales. No obstante, estos errores, que se rectifican más adelante, ofrecen a los pintores impresionistas la ventaja de poder innovar en sus composiciones. Por ejemplo, en su lienzo *Jóvenes damas en una barca*, Monet representa la barca cortada por el encuadre, como si se tratara de un tríptico de Toyokuni del que solo posee una parte.

OBRAS SELECCIONADAS

BAIN À LA GRENOUILLÈRE

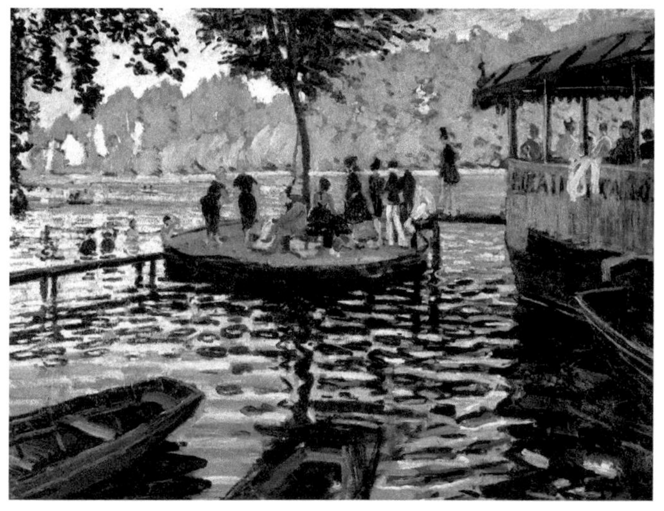

| *Bain à la Grenouillère*, 1869, óleo sobre lienzo, 74,6 x 99,7 cm, Nueva York, Museo Metropolitano de Arte.

Cuando pinta esta obra, Monet y Renoir viven en un pequeño municipio cerca de Bougival, al este de París, a dos pasos del restaurante a orillas del Sena La Grenouillère, un establecimiento al que acuden con frecuencia los remeros y los barqueros de la pequeña burguesía. Ambos artistas lo pintan varias veces, incluso uno al lado del otro. En el verano de 1869, Renoir pinta una obra similar, conservada en el Nationalmuseum de Estocolmo, a la que también llama *La Grenouillère*.

El cuadro de Monet, más oscuro que sus futuras obras con unos tonos decididamente claros, representa el restaurante instalado en el Sena y conformado por un islote (llamado «Maceta» o «Camembert») en medio del agua, unido a un pontón con unas delgadas planchas de madera, todo ello ideado de esta manera para que los comensales caigan al agua. El agua y el cielo reflejado en ese espejo que se mueve ocupan la mayor parte del lienzo. Su presencia permite a Monet yuxtaponer pinceladas regulares e irregulares de distintos colores.

El agua y sus reflejos son uno de los temas favoritos de Monet y del resto de impresionistas. Monet lo representa de varias formas: así, pinta las orillas del Sena en verano, las olas que chocan unas contra otras o que se abaten contra los acantilados y las rocas, las aguas más tranquilas que se extienden a lo lejos, los canales venecianos, el Támesis en cualquier época del año y, por supuesto, los estanques de Giverny. El plano reluciente del agua es una superficie soñada para sugerir la percepción inmediata de la luz y de la atmosfera que lo rodea, de acuerdo con la mayor ambición de la generación impresionista: capturar el carácter efímero y cambiante de la naturaleza. El agua también permite desdibujar las apariencias y desestructurarlas. Monet lo entiende a la perfección y utiliza constantemente esta propiedad del elemento líquido, que evoluciona durante su carrera de un toque detallado y cercano a un trazo mucho más sutil.

IMPRESIÓN, SOL NACIENTE

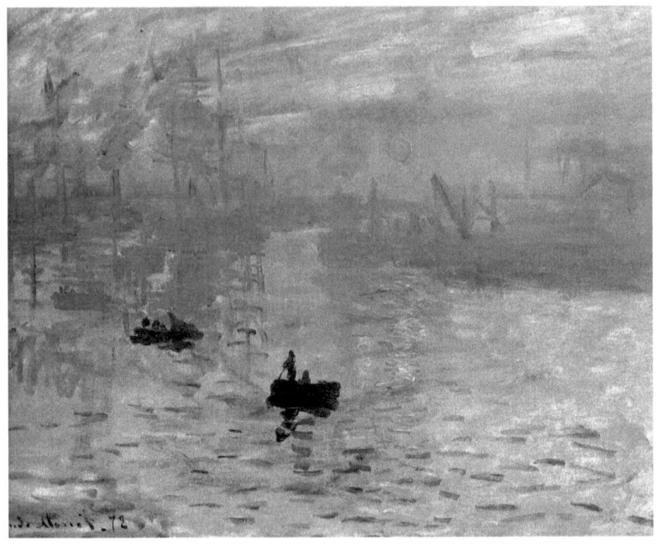

| *Impresión, Sol naciente*, 1872-1873, óleo sobre lienzo, 48 x 63 cm, París, Museo Marmottan Monet.

Este cuadro es mundialmente conocido, no solo por su calidad estética, sino también porque es el que da su nombre el impresionismo. Este término se mofa de ese deseo de espontaneidad que se opone a la tradición académica y es inventado por el crítico de arte Louis Leroy de forma peyorativa cuando evoca la obra de Monet en su informe de la exposición de 1874: «¿Qué representa este lienzo? Miren el catálogo. *Impresión, Sol naciente*. ¡Impresión, lo sabía! Ya me parecía, como estoy impresionado, tiene que haber impresión en él...»[1] (Leroy 1874). Aun así, el grupo de artistas de vanguardia decide mantenerlo.

El lienzo no solo representa un paisaje al alba, sino que sobre todo traslada las sensaciones que experimenta Monet frente a los colores y a la luz de la escena que está viviendo en directo, al aire libre, en un momento preciso. El artista, que renuncia a las reglas clásicas —perspectiva lineal, contornos dibujados, acabado perfilado—, ofrece un panorama esbozado de la atmósfera de un puerto de Le Havre. En primer plano, una barca de pescadores navega por el agua, seguida por una segunda y por una tercera, que apenas se distinguen pero que crean un efecto de profundidad. A lo lejos, se distinguen entre la bruma las siluetas de las chimeneas de las fábricas de donde sale un humo que se confunde con la niebla azul del alba, de los mástiles de los veleros, de los muelles y de las grúas. Los colores fríos (azul, gris, verde, negro, malva) dominan la

---

1. Cita traducida por 50Minutos.es

paleta cromática, a excepción del disco caliente y con tintes rojizos del sol, de su reflejo alargado en el agua y de las nubes con delicados tonos rosas.

LA JAPONESA

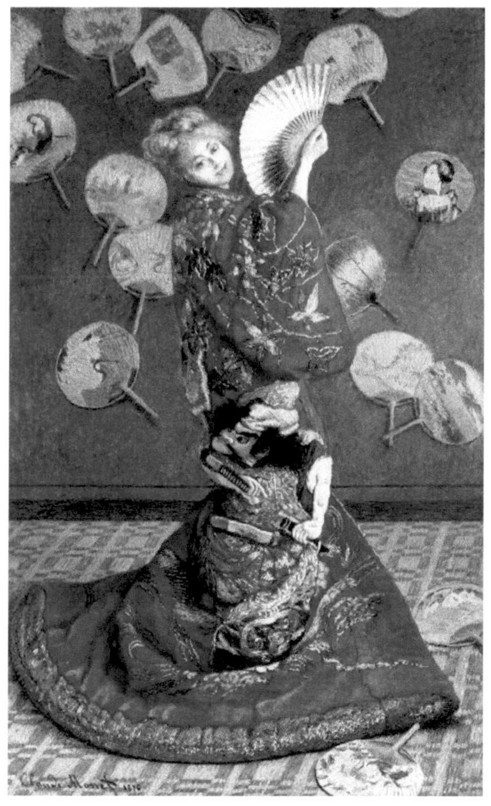

| *La japonesa*, 1876, óleo sobre lienzo, 231,8 x 142,3 cm, Boston, Museo de Bellas Artes.

Lo que en seguida seduce a Monet en el arte

japonés son los accesorios japonizantes. Así, efectúa el retrato de cuerpo entero de su primera esposa, Camille, ante una seda tendida decorada con abanicos. Está vestida con un magnífico quimono de seda roja con detalles iridiscentes y coloridos donde aparece representado un actor kabuki. Durante su presentación en la segunda exposición del grupo impresionista en 1876, la obra despierta mucha atención, pero no pone de acuerdo a todo el mundo: incluso genera escándalo por su erotismo subyacente, algo que Monet refuta, y por la impresión de que el actor kabuki sale del cuerpo de la joven. Además, la actitud de Camille es un poco artificial, estudiada, fingida. Seguramente esto se debe también a la influencia del arte japonés. *La japonesa*, reveladora de la nueva obsesión parisina por todo lo que es nipón, es una de las pocas obras de Monet realmente exóticas.

LA ESTACIÓN DE SAINT LAZARE

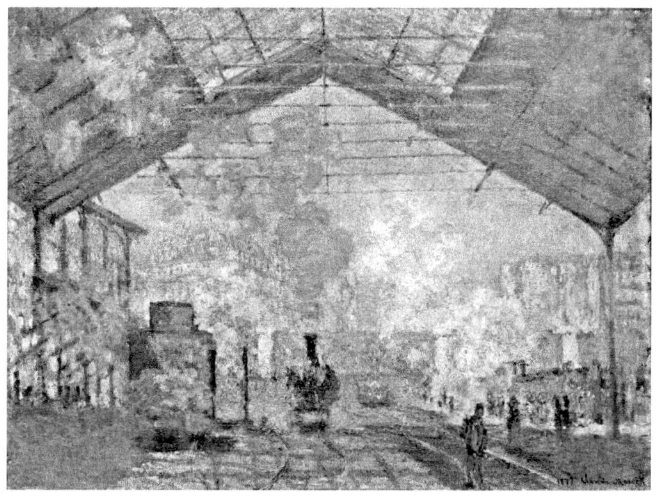

| *La estación de Saint Lazare*, 1877, óleo sobre lienzo, 74 x 104 cm, París, Museo de Orsay.

Durante el año 1877, Monet realiza doce lienzos que representan la estación de Saint Lazare de París, cerca de su domicilio. Aquí plasma los progresos técnicos de la Belle Époque, un tema muy en boga en el ámbito artístico. Si bien es cierto que el artista pinta mucho el campo y lo sigue haciendo hasta el final de su vida, con esta obra desea concentrarse en los cambios urbanos, más en particular en esta gran estación hecha completamente de acero y de vidrio, la más importante de la vida parisina en la época.

No obstante, más que el enjambre de viajeros, la propia arquitectura de la estación o las distintas locomotoras y otras máquinas modernas, aquí Monet vuelve a buscar cómo plasmar ante todo los efectos de luz y de color. Dado que una estación de trenes es un lugar donde el cambio y el movimiento son constantes, sobre todo el vapor de los trenes le procuran impresiones verdaderamente interesantes. Al igual que en otros lienzos, Monet otorga un sitio destacado a los rayos del sol que se filtran por el techo de vidrio y al cielo, cuyos colores y textura se mezclan con el vapor de los trenes, con lo que funde todos los elementos juntos y ofrece un aspecto abstracto.

Monet obtiene una autorización del director de los ferrocarriles en enero de 1877 e instala su caballete en todos los rincones de la estación, a distintas horas del día y en cualquier época, de lo que salen los doce lienzos de la estación de Saint Lazare, la primera serie de su carrera. De estos doce cuadros, siete se presentan en la tercera exposición impresionista en abril de 1877.

LAS GRANDES DECORACIONES

Las Grandes Decoraciones son la última idea de Monet quien, tras el éxito de la exposición de unas cuarenta de sus *Ninfeas* en la galería de su amigo Durand-Ruel en 1909, expresa su deseo de crear una instalación concebida para ofrecer una especie de descanso meditativo. Ve su proyecto como un paisaje que envuelve al visitante, para que este tenga una impresión de calma o de misterio, sentimientos similares a los que el propio artista experimenta y siente durante décadas en el corazón de sus jardines y estanques de Giverny.

Los años 1910 son difíciles en la vida de Monet y le asaltan dudas sobre si poner en movimiento su ambicioso proyecto. Pero es animado por su amigo, el escritor Georges Clemenceau (1841-1929), que se encuentra en la raíz de la idea de donar *Las Grandes Decoraciones* a Francia. Así, Monet, que empieza *Las Grandes Decoraciones* en 1914, ofrece este testamento artístico, suma de toda su obra, a la nación francesa tras el final de la Gran Guerra. Así lo escribe a Clemenceau el 12 de noviembre de 1918: «Es poca cosa, pero es la única manera que tengo de tomar parte en la victoria» (Alarcó 2012). Este donativo no impide que el pintor retoque constantemente los lienzos hasta su muerte. Por lo tanto, nunca los verá expuestos, pero *Las Grandes Decoraciones* se presentan siguiendo sus directivas a principios del año 1927 en la Orangerie de las Tullerías, en París. La infraestructura del edificio se modifica para adaptarse a la exposición del paisaje monumental: el panorama, que representa un paisaje de agua salpicado por nenúfares y otras plantas de agua, reflejos de nubes y vegetación, recorre los muros de dos grandes salas ovales que permiten que el espectador viaje del este al oeste, siguiendo el recorrido del sol, desde la mañana hasta la noche. El motivo de *Las Grandes Decoraciones* es el agua que se convierte en un espejo y cuya apariencia cambia en cada momento, sobre todo gracias al cielo que se refleja y le otorga luz y movimiento. Al optar por el formato monumental, Monet vuelve a magnificar todavía más la naturaleza. Ya no remite para nada a la figura humana, abrazando todavía un poco más el concepto de abstracción.

CLAUDE MONET, UNA FUENTE DE INSPIRACIÓN

En términos generales, puede decirse que los pintores impresionistas se inspiran entre sí. Todos frecuentan los mismos círculos, exponen en grupo al principio del movimiento impresionista, a veces pintan los mismos temas, los mismos lugares y, de vez en cuando, esto se produce estando uno al lado del otro. Se democratiza el acceso al arte y los artistas están al tanto de la producción artística de su época gracias, por supuesto, a los museos, pero también gracias a la crítica y a las reproducciones de obras en la prensa y en los catálogos.

La influencia del impresionismo y de la obra de Monet es grande en varias corrientes pictóricas posteriores, modernas y de vanguardia. Muchas de ellas pueden agruparse bajo la denominación bastante vaga de «postimpresionismo» y nacen tras la gran década del impresionismo entre 1870 y 1880. Entre ellos, encontramos el puntillismo o el divisionismo, representados por Georges Seurat (1859-1891) y Paul Signac (1862-1935) respectivamente. Estos van todavía más allá en la fragmentación del trazo de color —de ahí su nombre—, por lo que se habla de neoimpresionismo. Seurat pinta con pequeños puntos y se concentra en la división del trazo, mientras que Signac crea sus formas enfrentando dos trazos de color puro, preocupándose más por los contrastes de colores. Igualmente, grandes nombres de la historia del arte como Gauguin, Cézanne, Van Gogh o Toulouse-Lautrec atraviesan un periodo impresionista que marca su producción posterior. Pero más allá de la influencia que el impresionismo pudo ejercer sobre algunos artistas, este movimiento rompe definitivamente con el academicismo y, sobre todo, abre las puertas a una mentalidad decididamente moderna.

Para acabar, en Bélgica, a finales del siglo XIX, se desarrolla un movimiento pictórico que proviene directamente del impresionismo: el luminismo belga. La influencia de la obra de Monet es fundamental en él: estos artistas belgas también buscan plasmar los efectos de la luz a través de una paleta particularmente clara y soleada. Sin embargo, el luminismo se distingue de su hermano mayor francés gracias a una característica típicamente nacional: el realismo. Las obras de los luministas están mucho más estructuradas y dibujadas para llegar a un acabado más claro. Aunque, a primera vista, esto parece ir contra los principios de los impresionistas, lo cierto es que el resultado es sorprendente y de un valor estético destacable.

El luminismo se desarrolla más en Flandes, sobre todo en la región de Gante, ya que Jean Delvin (1853-1922) enseña los principios de este movimiento en la Academia Real de Bellas Artes. Lieja no se queda atrás y la influencia del profesor Évariste Carpentier (1845-1922) sobre sus alumnos es igual de importante. También se ve el luminismo en Bruselas, donde una buena parte de los seguidores del movimiento se reúnen para fundar en 1904 la asociación Vie et Lumière («Vida y Luz»), cuya figura emblemática es Émile Claus (1849-1924). Nombres más conocidos como James Ensor (1860-1949) y William Degouve de Nuncques (1867-1935) también forman parte de Vie et Lumière y crean obras luministas durante un tiempo.

EN RESUMEN

- Monet nace en París en 1840, crece en Le Havre y muere en 1926 en su casa de Giverny, adonde se muda en 1883. Aunque viaja mucho —algo que enriquece considerablemente su pintura de paisajes—, en Giverny es donde siente una mayor inspiración: pinta sus jardines y sus estanques de agua, así como sus magníficos nenúfares a cualquier hora del día.

- Está profundamente influido por Boudin y Manet, sus dos mentores, pero también por los británicos Turner, Constable y Whistler, así como por sus amigos Renoir, Sisley, Bazille y Pissarro. También se ve marcado por el arte japonés, del que toma el exotismo y la búsqueda de comunión con la naturaleza, y que lo lleva a adoptar encuadres inéditos y nuevos motivos iconográficos, en particular el del puente.

- Jefe de filas de la pintura impresionista, que toma su nombre de su lienzo *Impresión, Sol naciente* (1872-1873), Monet, que trabaja al aire libre, quiere pintar ante todo la luz y sus más ínfimos cambios. En líneas generales, los impresionistas, que rechazan la monotonía académica, reivindican una nueva manera subjetiva de pintar, otorgando una mayor importancia a las variaciones de luz y de colores.

- Monet es famoso por sus series, sucesiones de representaciones dedicadas a un único motivo (un almiar, una catedral, álamos, nenúfares, etc.). En ellas, desea mostrar la evolución de su tema más que el tema en sí mismo, que se convierte en tan solo un pretexto para representar los efectos de luz.

- La influencia de Monet —y del impresionismo en general—en la pintura de su época es importante: da a luz a varios movimientos que se definen como postimpresionistas e inspira a un gran número de artistas a lo largo de toda la historia, como Cézanne o Van Gogh. Para acabar, también es catapultado a la posteridad en Bélgica, con el luminismo y su paleta soleada, que se inspiran directamente de los lienzos de Monet.

PARA IR MÁS ALLÁ

FUENTES BIBLIOGRÁFICAS

- Alarcó, Paloma. 2012. *Los años de Giverny*. Madrid: Turner.

- Alarcó, Paloma, Michel Draguet, Thierry Dufrene y Jacques Taddéi. 2010. *Monet et l'Abstraction*, catálogo de exposición. París: Hazan.

- Bénézit, Emmanuel, dir. 1999. *Dictionnaire critique et documentaire des peintres, sculpteurs, dessinateurs et graveurs de tous les temps et de tous les pays par un groupe d'écrivains spécialistes français et étrangers*, vol. 9, 748-742. París: Gründ.

- De Decker, Michel. 2009. *Claude Monet*. París: Pygmalion.

- Ferretti Bocquillon, Marina. 2004. *L'Impressionisme*. París: PUF.

- Geffroy, Gustave. 1994. *Claude Monet, sa vie, son œuvre*. París: Macula.

- Klein, Jacques-Sylvain. 2013. *Lumières normandes, les hauts-lieux de l'impressionisme*. Ruan: Point de vues.

- Rossi Bortolatto, Lugina. 1981. *Tout l'œuvre peint de Monet: 1870-1898*. París: Flammarion.

- Strieter, Terry, W. 1999. *Nineteenth-century European art: a topical Dictionary*. Westport: Greenwood Press.

- Wildenstein, Daniel. 1996. *Monet ou le Triomphe de l'impressionisme*. Colonia: Taschen.

FUENTES ICONOGRÁFICAS

- Monet, Claude, *Impresión, Sol naciente*, 1872-1873, óleo sobre lienzo, 48 x 63 cm, París, Museo Marmottan Monet. La imagen reproducida está libre de derechos.

- Monet, Claude, *La estación de Saint Lazare*, 1877, óleo sobre lienzo, 74 x 104 cm, París, Museo de Orsay. La imagen reproducida está libre de derechos.

- Monet, Claude, *Bain à la Grenouillère*, 1869, óleo sobre lienzo, 74,6 x 99,7 cm, Nueva York, Museo Metropolitano de Arte. La imagen reproducida está libre de derechos.

- Monet, Claude, *La japonesa*, 1876, óleo sobre lienzo, 231,8 x 142,3 cm, Boston, Museo de Bellas Artes. La imagen reproducida está libre de derechos.

ICONOGRAFÍA

- Monet, Claude. 1886. *Mujer con sombrilla*. Óleo

sobre lienzo, 131 x 88 cm. París: Museo de Orsay.

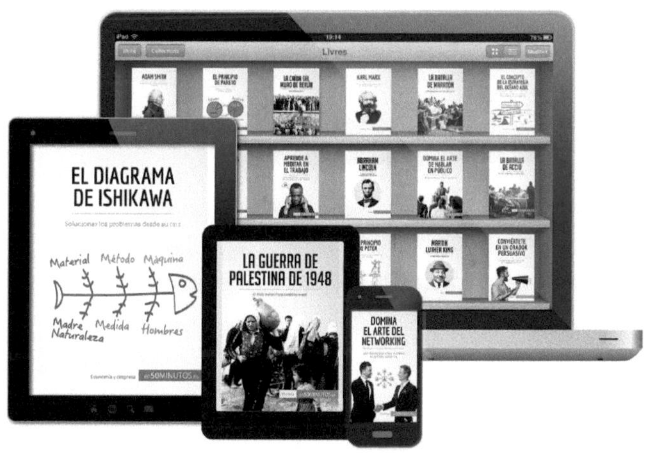

www.50Minutos.es

ISBN ebook: 9782806297839

ISBN papel: 9782806297846

Depósito legal: D/2017/12603/294

Cubierta: *Mujer con sombrilla*, de Claude Monet

Libro realizado por Primento, *el socio digital de los editores*